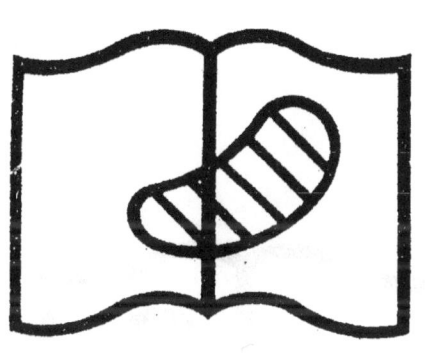

Illisibilité partielle

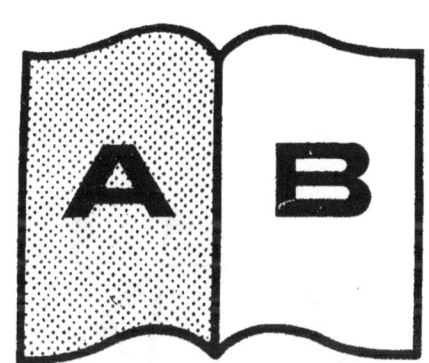

Contraste insuffisant
NF Z 43-120-14

Valable pour tout ou partie
du document reproduit

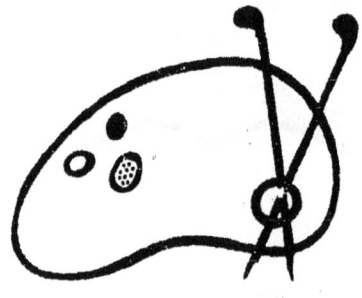

Original en couleur
NF Z 43-120-8

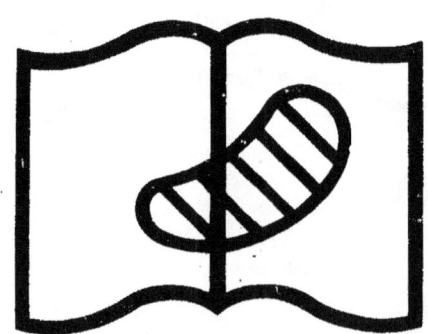

Original illisible
NF Z 43-120-10

LES
ABBAYES LAÏQUES

ET

LES PRÉSENTS

DE LA

VILLE DE ROMANS

SOUS LES CONSULS

PAR LE Dr ULYSSE CHEVALIER

VALENCE
IMPRIMERIE JULES CÉAS ET FILS
—
1882

LES ABBAYES LAÏQUES DE ROMANS.

Le moyen-âge, ce siècle de fer et de plomb (Mézerai), vit naître d'innombrables associations au sein desquelles les petits et les faibles cherchaient secours et protection. Dans les campagnes, les serfs et les colons se groupaient en paroisse autour de l'église et s'abritaient à l'ombre du château. Dans les villes et les bourgs, les habitants s'unissaient étroitement pour la défense de leurs libertés et franchises; ils se formaient, en outre, pour d'autres besoins de la vie commune, en confréries de piété et de bonnes œuvres, en corporations d'arts et métiers. En ces temps de foi naïve, toutes ces sociétés et d'autres plus mondaines, imitant ce qui se passait autour d'elles, se modelaient sur la religion, lui empruntant, sans aucune arrière-pensée de dérision et de profanation, son organisation, ses rites, ses mystères même. Parmi ces sociétés nous nous proposons de remettre en lumière celles qui avaient le titre d'*abbaye* et pour chef un *abbé* et qui, tout à fait laïques, n'étaient que des sociétés, des confréries. Cependant, nous dirons auparavant quelques mots du corps des *Esclaffards* (jeunes clercs au-dessous de 15 ans).

Les Esclaffards aussi nommés *Epiffards* avaient dès les temps les plus reculés le droit de nommer un *abbé* pour la défense de leurs intérêts communs. Cette élection qui avait

un but sérieux et utile, ayant donné lieu à des désordres et
et à des scandales (*Mala, pericula et scandala*), défense
fut faite par la sentence du 19 septembre 1274 aux Esclaffards de Romans d'élire un abbé annuel, sous peine
d'être privés de l'entrée du chœur, et défense également
aux habitants de concourir à ces sortes d'élections, sous
peine d'être chassés de la ville. Mais comme compensation,
les uns et les autres furent autorisés à choisir un *Bourdonnier*, dont les attributions étaient aussi nulles qu'éphé-
mères. Les statuts du chapitre de 1472 rappellent à ce
sujet que la fête de la Circoncision avait toujours été célébrée avec joie et magnificence, et que si la nomination du
Bourdonnier ne se faisait plus que rarement c'était à cause
de la trop grande dépense qui en résultait. Toutefois comme il importait de conserver un usage qui contribuait à la
solennité et à la dévotion de cette grande fête, le nouveau
Bourdonnier ne serait plus tenu qu'à pourvoir au lumi-
naire du chœur et de payer 40 florins pour un anniversai-
re, et enfin à offrir une collation, arrosée d'un bon nectar et
d'hypocras, aux compagnons qui, à l'issue des vêpres,
l'auront reconduit à son domicile. S'il faisait de plus
grandes dépenses, cela ne pourrait tirer à conséquence pour
ses successeurs.

ABBAYE DES MARCHANDS.

Par la sentence arbitrale de 1212, une société privée entre marchands (*privata societas mercatorum*) fut seule
exceptée de la défense faite aux Romanais de n'avoir aucune assemblée sans le consentement du chapitre.

L'abbaye des marchands (*abbatia mercatorum*) se réunissait à la maison commune et couchait même le procès-verbal de ses séances sur le registre des délibérations de la ville. Elle s'occupait aussi d'œuvres de bienfaisance. Elle avait son président qui était, en 1509, noble Humbert Odoard (1), dit *abbé des marchands mariés*. Son vice-président ou lieutenant, Jean Sevin, et son trésorier, Jean Chonet, l'un et l'autre honorés plusieurs fois du Consulat. On la voit, au mois de septembre 1509 doter de six florins une jeune fille, appelée en patois la *Pichotte*, la petite, *ad ipsam maritandam* (2) ; le 8 février 1512, voter une somme de 8 florins pour un cadeau à deux femmes mariées et l'achat d'une robe de gros taffetas pour l'abbé. On ignore quand elle a commencé et quand elle a fini.

Une *Confrérie des marchands* fut établie dans l'église de St-Nicolas, le 28 mai 1645. Elle fit don à l'Aumône générale, en mars 1712, pour aider à la fondation d'un hôpital général, du revenu de 7,700 livres que les arts et métiers de Romans avaient été obligés de verser au fisc, en vertu de l'édit de 1694. Il y avait encore la *Confrérie des drapiers*, qui possédait un caveau funéraire pour l'inhumation de ses membres, situé sous la chapelle de saint Blaise, dans l'église des Cordeliers. Ses statuts dataient du 15 mai 1355.

---

(1) Il fut consul, châtelain de Pisançon, capitaine de 50 arbalétriers, puis président de l'abbaye des marchands et de celle de Bongouvert. Il fut député à la cour, en 1510, pour obtenir la conservation à Romans de l'hôtel des monnaies qu'il était question de supprimer. Il s'était marié, le 26 janvier 1490, avec Anseline Combe qui lui donna deux fils, Ponson et Jean, et une fille, qui épousa François Odoard, son cousin.

(2) Giraud, *Mystère des trois doms*. p. 209.

ABBAYE DES SAUNIERS.

Les habitants de Romans étant exempts des droits de Gabelle, avaient établi des entrepôts considérables de sel, particulièrement dans une rue qui a conservé de ce genre de commerce le nom de rue de la *Saunerie*.

Les marchands de sel, *sauniers* ou *sallatiers*, formaient, à l'instar des autres corporations, une société dite *abbatia saunorum*. Par la charte de liberté donnée à Peyrins, le 24 février 1450, le dauphin (Louis XI) défendit à tout étranger de tenir les mesures de sel dans Romans, il s'interdit pour lui-même et ses successeurs d'avoir aucun magasin de sel dans la même ville. La charge de cette marchandise devait néanmoins payer dix deniers tournois en passant sur le pont de l'Isère.

En 1499, l'abbaye des Sauniers appliqua les deniers qu'elle avait en réserve à la réparation de l'Hôtel-de-Ville. La corporation se composait de deux maîtres, de treize marchands et de trois mesureurs. Pour en faire partie, l'impétrant devait prouver qu'il était homme de bien et porté sur le registre de la taille, que sa boutique contenait au moins six saumées de sel et était munie des mesures et ustensiles nécessaires à la profession. Si les délégués chargés de s'assurer de ces faits concluaient à l'admission, le récipiendaire recevait un diplôme sur parchemin signé par un notaire et relatant qu'il avait rempli les conditions imposées par les statuts de la profession et payé le droit d'entrée ou d'admission.

Nous pensons être agréable à nos lecteurs en complétant cette note par la reproduction textuelle d'un de ces diplômes dressé le 28 novembre 1554. Ce document est intéressant en ce qu'il remet en lumière un point curieux et tout à fait oublié des anciennes coutumes locales.

A tous soit notoire et manifeste que l'an mil cinq cents cinquante quatre et le vingt huyctiesme jour du moys de novembre, au lieu soubs escript, a comparu honneste homme Roch Vinson, habitant en la présente ville de Romans, par devant honorables hommes Guilhaume Foure et Jehan Gontier, maistres des marchands sallatiers, Barthelemy Bergier, Anthoine Gonthier, François de la Cour, Jehan Trenat, Gaspard Rinalf, Loys Vallon, Jehan Chanas, Pons Mariton, Bastian Romestang, Ennemond Guigou, Andreu Flandrin, Guilhaume Raynaud et Guilhaume Faron, marchands sallatiers, Jacques Pagin, Bastian Bernard et Jehan Bourgeoys, mesureurs de sel en la dicte ville de Romans ; disant et proposant qu'il est de coustume de recepvoir en ceste ville du nombre des dicts marchands sallatiers les aultres marchands, mais qu'ils soient garnis de six sommées de sel, de mesures nécessaires et qu'ils soient gens de bien: Suyvant laquelle coustume le dict Vinson a demandé et requis estre receu du nombre des dicts marchands sallatiers en ceste ville, se offrant payer ce qu'est en tel cas accoustumé de payer, et de observer tout ce que fault garder et observer en tel cas : disant et proposant soy estre homme de bien, garny de bouthicque de six sommées de sel et de bonnes mesures. Sur ce oppigné, puis conclud par les susnommés marchands que avoir faict foy par le dict Vinson de ce qu'il a dict, et que soit veu et visité par les dicts maistres, qu'il soit receu du nombre des dicts marchands sallatiers en payant les fraicts accoutumés, de quoy respectivement les susnommés ont demandé leur en estre faict acte et instrument public par moy notaire royal delphinal soubs signé, et ont été faictes les dictes choses au dict Romans en la bouthicque du dict Guigou, présent avec lesd. mesureurs, André Montroux, de Baulieu, et Anthoine Moursin, de Vallance, habitant au dict Romans, et moi notaire soubsigné : Sequutivement le dict an, le troysième jour du mois de décembre, les dicts maistres, suyvant la dicte conclusion, avec les susnommés mesureurs pour visiter si le dict Roch est garny comme dessus il a dict et proposé. Lesquels mesureurs tous troys ont dict et rapporté aux dicts maistres que le dict Roch est garny suffisamment de sel, mesures, contoir et autres choses accoustumées et nécessaires, comme semblablement apprès lesd. maistres l'ont veu, et ce faict, lesd. maistres se sont enquis de la prudhommie du d. Roch, que leur a été rapporté qu'il est homme de bien et taillable comme les aultres dud. Romans, et ce faict, led. Roch s'est offert de rechef de payer les droicts accoustumés. Pourquoy les susd. maistres, suyvant la puyssance à eulx donnée, ont receu du nombre des marchands sallatiers de la présente ville de Romans led. Roch là présent et acceptant, lequel a juré entre les mains des susd. maistres bien dueument, justement et loyallement exercer à la forme et manière du serment en tel cas accoustumés de faire et prester : que leuy a esté donné à entendre par les susd. maistres, et moyennant la promesse qu'il a faite de payer la d. somme de vingt florins quand en sera requis, et les susd. maistres lui ont donné liberté et puyssance comme aux autres marchands saulnyers de lad. ville. De quoy led. Roch a demandé et les susd. maistres luy ont voulu et concédé estre faict acte et instrument public par moy notaire soubs signé, et ont esté faict acte et instrument publics par moy notaire soubs signé, et ont esté faictes les susdites choses au dict Romans en la bouthicque : présents les susd. mesureurs Pierre

Murissat, Estienne Roche, Chapellier, et Joseph Bourgeoys dud. Romans, a ce estants par témoings appelés et requis, et moy notaire soubs signé. Successivement l'an mil cinq cent cinquante-neuf et le neuviesme jour du moys de novembre, devant les tesmoings soubs nommés, personnellement establis et constitués, lesd. sieurs Guillaume Foures et Jehan Gontier, maistres, lesquels de leur bon gré ont confessé avoir heu et receu dud. Roch Vinson, présent et acceptant pour luy et les siens, assavoir vingt florins pour les droits deubs par led. Vinson pour lad. réception et réallement en cinq escus pistollets d'or, desquels vingt florins les susd. Foures et Gontier, maistres, en ont quicté et quictent led. Vinson et les siens avec pacte de ne luy plus rien demander, et avec promissions, jugements, obligations, renonciations et aultres à ce nécessaires et opportunes.

Fait à Romans en la maison commune, présents sieurs Anthoine Gontier, consul, et Jacques Pagnin, Sébastien Bernard et Joseph Bourgeoys, mesureurs du sel dud. Romans, a ce estant par tesmoings appelés, et moy George Gleyse, notaire royal dalphinal dud. Romans,

Soubssigné.

GLEYSE.

L'ABBAYE DE BONGOUVERT.

Pendant les XVIe et XVIIe siècle il a existé dans plusieurs villes du Dauphiné, sous le nom facétieux d'*Abbaye de Bongouvert*, des sociétés joyeuses et galantes, mais au fond plus sérieuses que ne le fait supposer l'ignorance où nous sommes des mœurs et des sentiments intimes de nos ancêtres. Dans plusieurs lieux, à Vienne, Lyon, dans le Vivarais, sans doute par esprit de contradiction, des sociétés de ce genre affectaient de porter le nom d'abbayes de *Malgouvert*. Mais le nom véritable est bien *Bongouvert* qui rappelait le but de l'institution : celui de maintenir le *bon gouvernement*, le bon régime dans les ménages par l'autorité prépondérante de l'homme ; récompensant et honorant les dames méritantes et rappelant à leur devoir celles qui s'éloignaient des voies de l'honnêteté et de la modestie, en un mot, son but principal paraît avoir été de conserver la sainteté des liens du mariage. Par les fonctions diverses que ces Sociétés s'étaient attribuées elles avaient autant de rapport avec la chose publique qu'avec les mœurs privées.

Quoi qu'il en soit, l'abbaye de Bongouvert de Romans relevait du grand abbé de Grenoble à qui elle soumettait la nomination de son abbé et la décision de ses affaires les plus importantes (1). Elle avait pour officiers un abbé, un vicaire, un chancelier, un procureur fiscal, un contrôleur, trois commis et un trésorier : toutes ces fonctions étaient gratuites (2). Leurs membres se distinguaient en moines et en novices. L'abbaye de Bongouvert prélevait un tribut sur les mariages dont la liste lui était exactement commu-

---

(1) Voy. Gustave Vallier : Le *poète Millet* et *l'abbaye de Bongouvert*, Grenoble. Prudhomme, 1869, et La *grande abbaye de Dauphiné*. Revue du Dauphiné et du Vivarais. T. III, p. 420, 1879.

(2) En 1600, Félix Guigou, qui avait tenu le contrôle de la Société, assigna Michel Servonnet, abbé de Bongouvort, pour être rémunéré de ses peines. Cette demande contraire à la coutume et peu digne d'un avocat et d'un ex-consul, fut rejetée par l'assemblée de la ville et en dernier ressort par le grand abbé de Grenoble.

niquée par les curés des paroisses, qui recevaient pour ce soin un *chapeau* avec son cordon, de la valeur de 3 livres 14 sols. Le taux de ce tribut était de 2 p. 100 sur l'établissement des dots et des *veurchères*. Les habitants qui se mariaient avec une femme étrangère payaient, pour expier cette sorte d'affront fait au beau sexe romanais, l'amende d'un *froc*, à raison de 60 sols par aune. Après sommation faite, si les cotisés ne se libéraient pas, on leur interdisait la sortie de la ville ainsi qu'à leurs domestiques. Quatre confrères étaient chargés de faire exécuter les ordonnances de l'abbé, et les novices étaient tenus de leur prêter main forte.

En cas de vacance, l'Assemblée générale de la ville élisait l'abbé de Bongouvert : mais le nouvel abbé devait être « avoué et agréé par le grand seigneur abbé résidant à Grenoble. » Il devait ensuite, muni de cet agrément, prêter le serment d'observer les lois et statuts de la société sur la crosse abbatiale qu'on mettait en ses mains comme signe de sa dignité.

Les deniers provenant des mariages étaient appliqués dans les cas urgents aux besoins de la ville. En 1577, on les employa à la restauration de l'hôtel consulaire qui tombait en ruine ; en 1584, à la réparation de la tour Saint-Georges. Ils furent donnés, en 1610, pour quatre ans, représentant 800 livres, au couvent des Capucins qu'on établissait alors à Romans.

Les joyeux confrères de l'abbaye de Bongouvert prenaient une part active à toutes les réjouissances publiques et même aux fêtes de famille. Ils avaient à leur solde une bande nombreuse de tambours et de violons qui donnaient des aubades aux autorités et aux nouveaux mariés, qui faisaient danser les novices pendant le Carnaval et jouaient aux branles des *chambrières*. La société accoutrait la plateforme de l'hôtel de Ville, plantait le *mai* sur la grand'-place et enfin, distribuait des écharpes de soie aux dames et aux demoiselles les plus distinguées de Romans. Ainsi elle offrit, le 24 avril 1591, à Mme Marthe de Clermont, à l'occasion de son mariage avec le comte de la Roche, gouverneur de la ville, une magnifique écharpe de soie cramoisie, garnie de dentelles et de franges d'or, commandée exprès à Lyon, et dont le prix, avec le coffret qui la contenait s'éleva à la somme de 25 écus (92 fr. — 360 fr.)

Les membres de cette galante Société avaient, en outre, la courtoisie d'aller à la rencontre des dames de qualité dont on connaissait l'arrivée prochaine à Romans, et de reconduire celles que la ville avait le regret de voir partir. Inutile d'ajouter qu'à chaque réunion, les agrégés ne négligeaient pas de resserrer les liens de la confraternité dans un banquet où régnaient la joie et la cordialité. Un vain luxe en était banni et le vin consommé ne coûtait que 18 deniers le pot (5 cent. le litre). Mais hâtons-nous de faire connaître que ces distractions mondaines ne faisaient point oublier les devoirs religieux et le dévouement aux bonnes œuvres. On trouve dans les comptes de la Société une dépense de 8 écus payés pendant plusieurs années à la paroisse pour le prédicateur de carême et des secours donnés aux Pères Cordeliers et au curé de Saint-Nicolas.

Les comptes, arrêtés le 16 février 1605, en présence des consuls, constatent que la recette de l'année écoulée avait été, pour 75 mariages taxés, de 562 livres 11 sols. (972 fr. — 3600 fr.) et la dépense de 555 livres, soit un boni de 7 livres 11 sols.

L'abbaye de Bongouvert, comme toutes les autres sociétés portant le même nom, fut abolie en vertu d'un arrêt du Conseil de 1671.

Nous terminerons en mentionnant une autre société non moins joyeuse, mais beaucoup moins galante, qui s'occupait aussi à sa manière, des mariages. Elle avait pour patron *Saint-Pichon* (de *pichar*, battre), dont la statue, coiffée d'une mitre, tenant d'une main un bâton de l'autre une quenouille, était érigée, comme celle d'un dieu lare, à l'angle d'un carrefour. Une troupe, régie par des statuts homologués par les magistrats de Romans, vers le XV° siècle (1), s'était donné la mission de venger l'autorité maritale outragée. Quand un époux donnait le scandale de se laisser battre par sa femme sans faire usage du bâton, pour expier ce crime de lèse-majesté maritale, il était ordonné au plus proche voisin de monter sur un âne, le visage tourné du côté de la queue et la tenant pour bride. Dans cette position ridicule et revêtu d'un accoutrement grotesque, les confrères lui faisaient parcourir les rues, et l'accompagnaient en chantant quelques atellanes composées pour la circonstance. Enfin des chants improvisés, souvent méchants, parfois obscènes, accompagnaient aussi une bruyante et discordante aubade ou *charivari* que la foule infligeait aux veuves, qui convolaient à de secondes noces.

Des mœurs plus polies et une police plus soucieuse du repos des familles ont fait cesser ces joyeusetés, grossières dans leur forme et offensantes dans leur but. Il n'en reste aujourd'hui d'autre souvenir qu'une petite niche en pierre, placée à l'endroit où s'élevait jadis la statue colossale de saint Pichon, au carrefour du *Tortorel*.

---

(1) Dochier. *Mémoires sur la ville de Romans.* p. 126.

LES PRÉSENTS DE LA VILLE DE ROMANS

SOUS LES CONSULS.

Dans les premiers siècles de la monarchie, le peuple était obligé de fournir aux besoins des princes et des grands lorsqu'ils voyageaient. La fameuse charte de 1212 régla que le chapitre de Saint-Barnard paierait la dépense du passage du pape et la ville de Romans celle du passage de l'empereur. C'est par suite de cette convention que la communauté paya, le 20 mai 1363, 110 florins (1) pour deux bœufs, trente moutons et plusieurs sommées de vin qui avaient été fournis au roi de France Charles V, pendant son séjour à Romans, et que, en 1366, une taille de 570 florins fut levée pour subvenir à la dépense causée par le passage de l'empereur Charles IV, au mois de juin précédent (2). Mais ces frais considérables furent plus tard acquittés par les trésoriers généraux, comme on le voit par les pièces comptables qui existent encore et qui montrent l'emploi d'une somme de 158 livres 3 deniers

---

(1) A cette époque, le florin valait 8 fr. 60 c. et le pouvoir de l'argent 4.92. Un florin équivalait donc à 42 fr. 31, et 110 à 4,654 fr. 10 c.

(2) Ce monarque revenait d'Avignon où il avait conféré avec le pape au sujet de la guerre à faire contre Barnabé, vicomte de Milan. Il s'arrêta à Saint Antoine pour y révérer les reliques du Saint.

pour le séjour à Romans du roi Charles IX le 16 août 1564, et de 275 livres 5 sols 9 deniers pour celui d'Henri III, le 16 janvier 1575 (1). Dès lors, on se borna à offrir des présents à certains grands personnages, aux princes, aux gouverneurs, comme un hommage de respect, aux chefs militaires, aux fonctionnaires puissants, pour obtenir leur bienveillance et leur appui, enfin aux administrateurs de la ville, à titre de récompense et d'indemnité pour des services non rétribués.

La nature et l'importance de ces générosités étaient nécessairement en rapport avec le rang des personnes et les circonstances où l'on se trouvait. Ces objets consistaient en médailles, écus monétaires, pièces d'orfévrerie, objets d'art, confiseries, flambeaux, vins et liqueurs : dépenses qui s'expliqueraient par un long usage devenu une obligation et non par les avantages que la ville pouvait en retirer : car on peut supposer qu'elles étaient faites en pure perte.

Voici par ordre chronologique les présents offerts et les dépenses payées par la ville.

27 février 1357. 7 florins 3 gros pour un repas porté au couvent des Cordeliers, à l'occasion de la pose de la première pierre de la porte de saint-Nicolas, par Bernard, évêque de Ferrare, délégué du pape (2).

---

(1) Voy. *Les comptes de la maison d'Henri III* Revue du Dauphiné. T. III. p. 209. Néanmoins le 17 octobre 1814, à son passage à Romans, le comte d'Artois, plus tard le roi Charles X, fut traité aux frais de la ville. Ce qui occasionna une dépense de 2,555 fr dont 1200 payés par le département.

(2) Natif de Clermont en Auvergne. D'abord évêque de Côme, puis de Ferrare, le 27 février 1356, mort en 1373.

25 avril 1361. 6 florins d'or pour douze lamproies que Guillaume de Vergy, gouverneur du Dauphiné (1), avait réclamées en rémunération des lettres, scellées de son sceau, qu'il avait données pour obliger le chapitre de Saint-Barnard de contribuer à la construction des murs de la ville.

5 juin 1361. 22 florins 9 gros pour 24 torches du poids de 78 livres, plus 2 gros et demi pour la location de deux draps d'or employés aux funérailles de Guillaume de Vergy, gouverneur de la province.

16 février 1362. 100 florins d'or donnés à l'épouse de Raoul de Louppy, gouverneur du Dauphiné (2), « pour le » bien et pour l'utilité de la ville. »

24 février 1366. Six livres de confitures, cinq picotes de vin blanc et deux torches de cire du poids de 13 livres offertes au grand-maître d'hôtel de l'empereur d'Allemagne.

26 février 1365. 4 florins 9 gros d'or pour un service fait avec deux torches, plus une sommée de vin et une corbeille de pain offerts à plusieurs habitants de Valence venus à Romans à l'occasion de la fête de Saint-Barnard.

13 juin 1366. 100 francs d'or (3) au chancelier Amédée de Lamotte (4), pour reconnaître le soin qu'il avait ap-

---

(1) Seigneur de Mirebeau, de Fontaine Française et de Bourbonne. Nommé au gouvernement de Dauphiné, le 6 octobre 1356, mort à Romans, le 5 juin 1361.

(2) Raoul de Vienne, sire de Louppy, nommé Gouverneur du Dauphiné le 7 octobre 1361, fonction qu'il exerça jusqu'au 2 septembre 1369, il décéda à Louppy, le 31 août 1388.

(3) Le franc d'or valait 11 fr. 60 c. le cadeau peut donc être estimé en valeur d'aujourd'hui à 5200 fr.

(4) Qualifié alors de chevalier et de chancelier en Dauphiné.

porté à faire confirmer par le roi de France les priviléges et franchises accordés aux Romanais par l'empereur Charles IV.

10 juillet 1366. 1000 florins, convertis plus tard en une pension de 50 florins, au trésorier delphinal pour l'exemption des droits de péage et autres.

13 mai 1367. 200 florins pour les dépenses faites pendant trois jours par plusieurs membres du conseil du roi, plus 161 florins pour douze écuelles d'argent du poids de 20 marcs offertes par les Consuls à Guillaume de Dormans (1).

Octobre 1367. Quatre torches de cire du poids de 22 livres et douze livres de conserves payées 13 florins 9 gros à Guillaume de Sainte-Croix, apothicaire, et données au cardinal de Therouanne (2).

Mars 1371. Quatre charges, un barral et quatre quarterons de vin clairet, six torches du poids de 24 livres et 12 livres de confitures offerts à Jacques de Vienne, seigneur de Lonwy et de saint Georges, gouverneur du Dauphiné, à son arrivée à Romans, ainsi qu'à Louis de Villars, administrateur de l'église de Vienne (3), qui l'accompagnait.

12 septembre 1452. La ville prête par billet au Dauphin Louis, plus tard le roi Louis XI, une somme de 100 écus.

---

(1) Comte d'Etampe, chancelier de Normandie puis du Dauphiné, enfin de France en février 1371, mort le 11 juillet 1373.

(2) Aycelin (Gilles) de Montaigu, évêque de Therouanne, chancelier de France en 1357, cardinal en 1361, mort à Avignon, le 5 décembre 1378.

(3) D'abord doyen de l'église de Lyon, évêque élu de Valence le 1er juillet 1354, mort le 3 septembre 1376.

Juin 1511. Le roi Louis XII et la reine sa femme, accompagnés des ducs d'Angoulême, de Lorraine, de Vendôme et de la Trémouille, des cardinaux de Saint-Séverin, de Prie et de Ferrare et du chancelier de France venant de Grenoble, arrivèrent à Romans vers deux heures descendant l'Isère sur quatre bâteaux. Ils furent reçus au port de la rivière, à l'entrée duquel on avait érigé une porte triomphale surmontée des armes du roi. La réception eut lieu sous des dais au son des instruments de musique et des cloches. Les illustres hôtes furent conduits à leurs logements qui avaient été préparés dans la maison d'Antoine Bergier, marchand, de Claude Conton, prêtre, et d'Antoine Mulet, bourgeois. On fit présent au roi d'une tasse en vermeil avec six pièces d'or à ses armes et à celles de la ville, un pareil cadeau fut fait à la reine et l'on donna au Dauphin huit arbalètes. A quoi on ajouta, suivant l'usage, des vins, des confitures et des bougies (1). Ils séjournèrent du vendredi 27 juin, au mardi 1 juillet; ils partirent après leur dîner, sur des bâteaux pour se rendre à Valence. Le roi avait entendu la messe, le samedi, sous un pavillon près du grand autel de l'église de St-Barnard, le dimanche, une grand'messe célébrée solennellement avec chantres, orgues et instruments mélodieux, le lundi, dans la chapelle de N.-D. sur le pont et le mardi, dans la chapelle du Saint-Esprit. Le duc d'Angoulême, malade d'une fièvre tierce, demeura à Romans jusqu'au 5 juillet.

---

(1) Les bougies fabriquées à Romans jouissaient alors d'une réputation qui s'étendait au loin. Les femmes des hauts fonctionnaires de Grenoble écrivirent souvent aux consuls de Romans pour les prier de leur envoyer des caisses de ce produit de l'industrie locale.

20 novembre 1533. Pour l'arrivée de François 1ᵉʳ on fit faire un dais de velours rouge et frapper une médaille en argent portant l'effigie de ce roi avec une exergue mentionnant le Dauphin et le présent des Romanais. On avait fait d'immenses préparatifs et élevé plusieurs estrades sur lesquelles des personnages allégoriques récitèrent des pièces de vers composés pour la circonstance (1).

28 novembre 1533. Au comte de Saint-Paul, Antoine de Bourbon, gouverneur de Dauphiné, qui passa à Romans une semaine après le roi, on fit présent de six pièces de vin blanc et clairet et de plusieurs flacons d'hypocras, de six boîtes de dragées, chacune pesant deux livres, de douze torches de cire et de sept pièces d'or dans un filet d'argent, chacune valant 46 fr. 45 cent.

17 mars 1556. Le comte de Clermont, lieutenant général en Dauphiné (2), à son passage à Romans, reçut un tonneau de vin blanc et un autre de vin clairet.

5 avril 1593. La ville fit don d'une « Robe honneste » à Jonathan Vallier, ministre de la religion réformée, à l'occasion de son prochain mariage.

15 août 1563. A l'occasion du passage du comte de Crussol (3), qui avait été élu à Valence, par l'assemblée

---

(1) Le roi revenait de Marseille où il avait été conclure le mariage de son fils aîné avec Catherine de Médicis, nièce du pape Clément VI.

Voy. P.E. Giraud. *Entrée de François 1ᵉʳ à Romans*. Bulletin de la Société d'Archéologie de la Drôme. T. VII, p. 77.

(2) Antoine, baron de Clermont, nommé lieutenant général en Dauphiné, le 10 février 1554.

(3) Jacques de Crussol, duc d'Uzès en 1573, connu sous le nom de *seigneur d'Acier*. Il avait été nommé illégalement lieutenant

des trois ordres, lieutenant général de la province. Il est arrêté qu'on lui fera toutes les honnêtetés possibles, qu'on lui offrira le meilleur vin qu'on pourra trouver et qu'on le logera honorablement ainsi que sa suite.

12 mai 1574. A l'arrivée de Charles de Bourbon, duc de Beaupréau, prince de la Roche-sur-Yon, gouverneur du Dauphiné, la ville fait confectionner un palli (dais) de taffetas aux couleurs et aux armes de ce seigneur et une pièce d'argenterie de la valeur de 300 livres.

19 novembre 1576. La ville ayant appris le mécontentement de l'évêque de Valence (1), sur ce qu'à son passage à Romans on ne lui avait pas rendu honneur ni fait accueil, il est résolu que les Consuls avec quelques notables iront à Valence présenter au prélat des excuses et lui offrir plusieurs pièces de vin.

12 février 1578. La communauté de Romans paye 23 livres à l'hôtel du *Chapeau Rouge* pour le séjour qu'y avait fait le baron de Gordes (2).

7 mai 1578. La ville fait acheter à Lyon trois *goubeaux* d'argent pour être offerts à Laurent de Maugiron, lieutenant général du Dauphiné (3).

---

général par une assemblée de partisans de la Réforme, à la tête desquels il se trouvait. Son frère Antoine commanda en Languedoc en Provence et en Dauphiné.

(1) Jean de Montluc, évêque de Valence et de Die en 1553. Très-tolérant envers les protestants. Il mourut à Toulouse, le 15 août 1579.

(2) Bertrand Rambaud de Simiane, baron de Gordes, né le 18 octobre 1513, lieutenant général en Dauphiné en 1564, décédé à Montélimar, le 21 février 1578.

(3) Comte de Montléans, baron d'Ampuis, nommé en 1554 et 1562, mort en 1589.

19 octobre 1581. Les autorités de Romans envoyent une députation à Grenoble pour complimenter le duc de Mayenne (1): elle est suivie d'un exprès porteur d'un bassin d'argent qui devait être offert à la duchesse de Mayenne.

23 mars 1589. La ville fait présent au baron de la Roche, gouverneur de Romans (2), de deux tonneaux de vin blanc et de six fauteuils.

13 décembre 1590. L'abbaye de Bongouvert (3) offre à Madame Marthe de Clermont, épouse du dit gouverneur, à son arrivée à Romans, un élégant coffret contenant une écharpe de soie cramoisie, garnie de dentelles, de crépines et de franges d'or, de la valeur de 25 écus (92 fr. — 322 fr.)

28 novembre 1600. La reine Marie de Médicis, qui allait à Lyon épouser Henri IV, passe à Romans, la neige qui tomba ce jour là avec abondance nuisit aux préparatifs qui avaient été faits.

27 novembre 1622. Le roi de France Louis XIII est reçu à Romans avec la plus grande pompe, il y avait dans les rues des pavillons avec devises et armoiries.

28 Avril 1675. Le marquis de Lionne (4) nommé gou-

---

(1) Charles de Lorraine, duc de Mayenne, né en 1553, chef des catholiques en Dauphiné, ensuite chef de la Ligue, mort en 1611.

(2) Balthazar de Flotte, baron puis comte de la Roche, chevalier de l'ordre du roi, vibailli de Saint-Marcellin, capitaine de 50 hommes d'armes.

(3) Société joyeuse et galante qui avait pour but la conservation des bonnes mœurs Elle était protégée par l'autorité.

(4) Sébastien de Lionne, marquis de Claveyson, seigneur de Triors, de Lesseins, d'Aouste, d'Hostun et de Mercurol.

verneur de Romans reçoit les plus grands honneurs et deux quintaux de bougies, on avait distribué de la poudre à la milice bourgeoise.

10 mars 1701. Sur l'avis adressé le 6 janvier 1701 par l'intendant de Grenoble, du passage prochain à Romans des ducs de Bourgogne et de Berri (1), le conseil général de la ville arrêta les dispositions à prendre pour recevoir ces princes et leur rendre les honneurs dus à leur haut rang.

On fit enlever les pierres des chemins, sabler les rues, tendre des tapisseries devant les maisons et préparer des rations et des écuries pour *seize cents* chevaux. Afin de rendre plus facile le passage des carrosses et des équipages, on abattit quatre maisons dont l'emplacement a retenu de cette circonstance le nom de *place des princes*. Trois arcs furent élevés, un à la porte de Saint-Nicolas, un autre au *Griffon* et le troisième à l'entrée de l'hôtel de l'abbé de Lesseins, sacristain du chapitre et gouverneur de la ville ; lequel avait aussi fait construire dans ses jardins un arc de triomphe en pierre de taille : petit monument assez élégant démoli seulement en 1863. Tous ces édifices étaient chargés d'ornements, couverts d'inscriptions et de devises, dont la prose et les vers malheureusement ne sont pas venus jusqu'à nous.

Reçus à leur arrivée au bruit du canon (2) et au son des

---

(1) Ces princes, fils du Dauphin et petits-fils de Louis XIV, avaient accompagné leur frère, le duc d'Anjou, qui allait prendre possession du trône d'Espagne. Ils achevèrent leur voyage en visitant le Languedoc, la Provence et le Dauphiné.

(2) L'abbé de Lesseins possédait quatre fauconneaux ou petits canons dont deux furent achetés par la ville et servirent aux réjouissances jusqu'en 1808.

cloches, les ducs de Bourgogne et de Berri furent harangués par les autorités et conduits à leur logement, à l'hôtel des *Allées*, sous un dais en panne cramoisie, doublé de satin de même couleur et bordé d'une frange d'or. Les *penonnages* sous les armes formaient la haie « en bon ordre et équipage, tambours battants, enseignes déployées. » Une foule immense remplissait les rues, garnissait les fenêtres, couvrait les toits.

La ville, suivant l'usage, offrit à chacun des princes deux quintaux de bougies et douze douzaines de bouteilles d'eau *cordiale de Genêve*. Elle fit présent à chacun des seigneurs de Bouillé et de Noailles d'un quintal de bougies et de six douzaines de bouteilles de liqueurs. Enfin on donna aux gardes du corps, cent Suisses et gens de la suite dix-huit douzaines de bouteilles de vin de *Vienne*. Le soir il y eut une illumination générale et un feu d'artifice tiré dans les Allées. Leurs Altesses royales partirent le lendemain dans la matinée après un déjeuner où figura, dit-on, comme luxe et nouveauté, l'infusion de la fève de Moka, dont l'usage était encore inconnu dans Romans.

Les frais à la charge de la ville, arrêtés le 22 mai, s'élevèrent à la somme de 13,134 livres 10 sols 11 deniers, dont il convient de déduire, comme dépense utile, 6700 livres affectées à l'élargissement de la voix publique.

En résumé, pendant les guerres de religion, la ville de Romans, sous la pression des chefs de parti qui y dominèrent, fut obligée de faire des gratifications nombreuses et considérables qu'il serait trop long de relater. Ajoutons que ces exigences des chefs militaires ne se bornèrent pas à cette époque calamiteuse. Durant tout l'ancien régime, la ville fut dans la nécessité de faire des dons manuels d'argent pour épargner aux habitants les exactions des chefs et l'indiscipline des soldats. Enfin, en avril 1814, le maire fit remettre plusieurs fois des sommes à l'aide de camp du général Autrichien qui commandait dans la ville ; en outre les chefs de corps et la plupart des officiers de cette armée étaient logés et nourris aux frais de la commune.

Sous le nom de *don gratuit* et suivant les droits féodaux, les villes étaient taxées à des sommes presque toujours considérables à l'occasion d'événements survenus dans la famille régnante.

Le 2 août 1396, la ville de Romans fut imposée à la somme de 100 francs d'or (1160 fr. — 5800 fr.) pour le mariage de la fille aînée du roi de France (1) avec le roi d'Angleterre.

1451. La ville donna 100 marcs d'argent (5000 fr. — 20,000 fr.) à l'occasion du joyeux avènement de la dauphine, femme du Dauphin Louis (XI) (2). Par transaction du 4 février 1452, le chapitre du Saint-Barnard consentit à payer sur cette somme 100 florins (560 fr. — 2240 fr.) et 100 écus d'or (1000 fr. — 4000 fr.).

En 1775, la ville de Romans fut taxée à un don gratuit de 4,035 livres pour l'avènement de Louis XVI au trône de France.

Les vins d'honneur offerts aux *puissances*, c'est-à-dire aux personnages les plus élevés par leur naissance et par leurs fonctions, représentèrent d'abord une simple politesse

---

(1) Isabelle, fille de Charles VI et d'Isabelle de Bavière, mariée à l'âge de sept ans, le 9 mars 1396, à Richard II, roi d'Angleterre.

(2) Charlotte de Savoie, mariée le 14 février de cette année, à la Côte-Saint-André.

qui devint ensuite une obligation à laquelle il eut été mal séant et même imprudent de déroger.

Le conseil communal délibéra, en 1635, d'acheter une douzaine de bouteilles de fin étain, attendu qu'il fallait souvent renouveler le verre : ce qui indique que le vin était offert et consommé sur place et non envoyé en présent.

Depuis 1768 jusqu'en 1777, la dépense pour les vins d'honneur s'éleva à 2364 livres 14 sols. Sur cette somme, on reprochait aux officiers municipaux d'avoir prélevé 1678 livres 18 sols pour la buvette (1). Enfin dans l'intention de renouveler un usage interrompu depuis la Révolution, le Corps municipal crut devoir offrir les vins d'honneur au comte d'Artois, frère du roi, à son arrivée à Romans, le 17 octobre 1814.

Si, comme on l'a vu, les consuls n'épargnaient rien pour faire honneur aux illustres personnages de passage ou de séjour à Romans, il ne s'oubliaient pas eux-mêmes, ainsi que le leur reprochaient amèrement les auteurs du *factum* cité dans la note précédente.

En 1428, les consuls sortants se firent délivrer leurs honoraires annuels qui étaient pour les deux premiers de 20 florins (112 fr. — 500 fr.), de 10 florins pour les deux autres et de même somme pour le receveur.

Par lettres patentes du 15 octobre 1732, les gages furent de 100 livres pour les échevins et de 10 livres pour les conseillers. Le procureur en échevinage recevait 500 livres et son substitut 100 livres. Les deux consuls chargés de la répartition de la taille avaient droit, outre au bois et à la chandelle, à 30 sols par jour et le greffier touchait 2 livres;

---

(1) Voy. *Tableau des abus découverts dans l'administration municipale de Romans*, Grenoble 1778, p. 33.

Les six conseillers délégués pour constater la qualité du vin décimal du chapitre étaient gratifiés d'un régal fixé à 30 livres. Enfin les consuls recevaient, aux frais de la ville, une robe, un chaperon et des gants (1) ainsi que des torches de cire quand ils assistaient aux processions: cette dernière dépense s'élevait annuellement à 50 livres.

Quand un membre du conseil municipal était délégué pour des affaires de la ville, il lui était alloué une indemnité proportionnée à la durée de l'absence et à la longueur du voyage; mais c'était plutôt à titre de remboursement de ses dépenses que comme honoraires.

Ainsi, en 1374, Ponce Radulphe ayant, au sujet des dettes de la ville, résidé à Grenoble pendant 56 jours en quatre voyages et à Avignon 74 jours moins 18 qui lui furent retranchés, reçut pour ses démarches et dépenses 111 florins (925 fr. — 4,615 fr.). Romanet Boffin, consul, envoyé, en 1529, à Compiègne où se trouvait la cour, eut une indemnité de 88 livres 10 sols pour une absence de 29 jours, M. Dochier, avocat et échevin, ayant séjourné à Grenoble, en 1774 et 1775, pour la poursuite d'un procès qu'avait la ville, reçut 549 livres. En 1776, on alloua à M. Lambert, avocat, 397 livres pour 53 jours de vocation et à M. Mortillet, premier échevin, en 1777, 313 livres 11 sols pour 18 jours d'absence, etc.

Dr ULYSSE CHEVALIER.

---

(1) A propos de gants, nous trouvons dans une lettre de l'intendant Pajot, en date du 9 février 1762, une note reprochant aux consuls de Romans des achats de gants trop répétés et ajoutant que quatre paires par an pour chaque consul seraient plus que suffisantes.

www.ingramcontent.com/pod-product-compliance
Lightning Source LLC
Chambersburg PA
CBHW070523050426
42451CB00013B/2815